◎ 主 编　黄玉峰

◎ 副主编　朱 煜　丁慈矿

◎ 编委会（按姓氏音序排列）

丁慈矿

黄玉峰

蒋人杰

王琳妮

王振宁

赵志伟

朱 煜

新编中华文化基础教材

第六册

中华书局

图书在版编目（CIP）数据

新编中华文化基础教材 . 第六册／黄玉峰主编 . —
北京：中华书局，2018.3
ISBN 978-7-101-12948-9

Ⅰ . 新… Ⅱ . 黄… Ⅲ . 中华文化—小学—教材
Ⅳ . ①624.201

中国版本图书馆 CIP 数据核字（2017）第 290168 号

书　　名　新编中华文化基础教材（第六册）
主　　编　黄玉峰
副 主 编　朱　煜　丁慈矿
责任编辑　祝安顺　熊瑞敏
出版发行　中华书局
　　　　　（北京市丰台区太平桥西里 38 号 100073）
　　　　　http://www.zhbc.com.cn
　　　　　E-mail:zhbc@zhbc.com.cn
印　　刷　湖南天闻新华印务邵阳有限公司
版　　次　2018 年 3 月北京第 1 版
　　　　　2018 年 3 月北京第 1 次印刷
规　　格　开本／ 880×1230 毫米　1/16
　　　　　印张 $4\frac{3}{4}$　字数 40 千字
印　　数　1-3000 册
国际书号　ISBN 978-7-101-12948-9
定　　价　13.80 元

编写说明

一、《新编中华文化基础教材》是响应中共中央办公厅、国务院办公厅《关于实施中华优秀传统文化传承发展工程的意见》及教育部《完善中华优秀传统文化教育指导纲要》指导精神组织编写的中华优秀传统文化教材，一至九年级十八册，高中学段六册，共二十四册。

二、本教材以"立德树人"为教学宗旨，以分学段有序推进中华优秀传统文化教育为目标，注重培育和提高学生对中华优秀传统文化的亲切感和感受力，增强学生对中华优秀传统文化的理解力和理性认识，坚定文化自信。

三、本册教材供三年级下学期使用，包含十课，每课分为四个模块，分别为"开蒙启智""诵诗冶性""博闻广识""赏联属对"。

1. "开蒙启智"模块为蒙学经典教学。每课选录古代蒙学经典的文段，辅以亲切简要的提示。内容选择上注重贯彻人格教育，引导学生了解、体会中华优秀传统文化的价值取向与思维模式，进而塑造良好的性格品质与行为方式。

2. "诵诗冶性"模块为诗词教学。每课选录适合小学生诵读的经典诗词若干首。古典诗词是中华优秀传统文化的精髓，对于陶冶学生的思想情操，丰富学生的情感体验，提高学生的审美能力等都有重要意义。

3. "博闻广识"模块为经典教学。每课选录经传诸子中的经典文段，厚植学生的文化根基。

4."赏联属对"模块为对联教学。对联是汉语特有的艺术形式,本模块选取若干名联及其相关故事,设置部分对联练习,让学生在轻松快乐的氛围中体验汉语的独特魅力。

本教材之编辑力求严谨,编写过程中广泛征求各界意见,期能以较完备之面貌呈现;然疏漏之处在所难免,敬祈学界先进不吝指正。

编者

2017 年 2 月

目录

第一课

办法总比困难多。

一

勿畏难，勿轻略。

——《弟子规》

学与习

做事不要怕困难，但也不要掉以轻心。

二

闻誉恐，闻过欣。

——《弟子规》

学与习

对待荣誉的态度，反映出一个人的品行，不仅要谦虚，古人认为还应带点儿惧怕，唯恐名不副实。相应地，听到别人指出自己不足之处，则应很高兴，改正了才能进步嘛。

李白一生游历天下，结交了很多朋友，孟浩然是其中很重要的一位。

送孟浩然之广陵

〔唐〕李白

故人西辞黄鹤楼，

烟花三月下扬州。

孤帆远影碧空尽，

唯见长江天际流。

望庐山瀑布

〔唐〕李白

日 照 香 炉 生 紫 烟，

遥 看 瀑 布 挂 前 川。

飞 流 直 下 三 千 尺，

疑 是 银 河 落 九 天。

学与习

在明媚的春光里，送别友人。友人将去繁华的扬州，李白心中充满不舍和欣羡，所以久久地站在江边凝望远方。

在李白的眼中香炉峰就像一只巨大的香炉，那飞流直下的瀑布就像浩瀚的银河。

3

孔子是谁呢？孔子是老师们的祖师爷，他开创了私人讲学的风气，只要交十条干肉的学费，就能听到孔子的课。他和学生们坐在一起，围成一个圈，谈谈自己的儒家学说，问问学生未来的志向，有的同学睡着了，他就讽刺两句，他还带着学生到处游走。孔子是个讲课生动有趣的老师，学生们都很怀念他，就把他的教导编成一本书，叫做《论语》。

一

子曰："学而时习之，不亦说（yuè）乎？有朋自远方来，不亦乐乎？人不知而不愠（yùn），不亦君子乎？"

——《论语·学而》

 学与习

学了并按照一定的时间去实习是愉快的，有朋友从远方来看我，我心里特别高兴。别人不了解我，自己也不生气，那就是君子啦！

"不亦说乎""不亦乐乎""不亦君子乎"可以读得高兴一些，语气上扬，读出其中理所当然的味道。

你学什么时最开心？同桌之间互相分享一下，学养植物、学弹弓、学叠衣服，都行！

二

子曰："诗三百，一言以蔽之，曰'思无邪'。"

——《论语·为政》

 学与习

孔子谈学习时屡次谈到《诗经》，他说，"不学诗，无以言"，但是什么样的诗才是好的呢？就是孔子用《诗经》里的话说的"思无邪"，用今天的话来说就是要思想纯正。当然，还要语言优美流畅。你读过《诗经》吗？你知道《诗经》共有多少首吗？你知道《诗经》第一首诗是哪一首吗？如果没有读过，如果不知道，那么从现在开始可以读一读一些简单的片段。可以问问你的爸爸妈妈或者老师哦。

从桃符说起

"总把新桃换旧符"是宋代大诗人王安石的一句诗,你知道"新桃"和"旧符"指的是什么吗?

传说在很久以前,茫茫的东海之中,有一座度朔(shuò)山,山上有一株大桃树。这棵桃树,铺天盖地,屈曲盘旋三千里。东北方向桃枝疏稀,形成了一个门,叫做"鬼门"。天下所有的"鬼"都从这里进出,接受检查。

看守"鬼门"的是兄弟俩,一个叫荼(shū),一个叫郁垒(yù lǜ),他们都有识别"善鬼"和"恶鬼"的本领。只要看到祸害人的"恶鬼",他们就用芦苇绳捆起来,喂给老虎吃。

因为这兄弟俩能帮人驱鬼避邪,据说从黄帝那时候起,每逢过年,人们就在门上钉上一寸多宽、七八寸长的桃木板,画上兄弟俩的像,称为"门神"。

大约到春秋战国时候,有的人不再画门神,只是在桃木板上写上这两位神的名字。可一边是一个字"荼",一边是两个字的"郁垒",不对称,也不美观,就在"荼"前头加个"神"字,成为:"郁垒;神荼。"

这就是"桃符",它的出现是对联产生至关重要的一步。一直到一千多年前的五代时期,人们才开始在桃木板上写两句祈祷吉祥的句子,到了明代,干脆连桃木板也不要了,直接把对联写在红纸上。对联起源于桃符,最初用于辟邪驱鬼,后来演化出了春联,并和古典诗词、书法相结合,成了人们寄托一年美好愿望的一种方式。渐渐地，各行各业都出现了对联，婚丧嫁娶都要用到对联，亭台楼阁处处悬挂对联，对联和人们的日常生活紧密结合在一起，成了一门雅俗共赏的语言艺术。

对联有很多的名称。最初叫桃符，后来称为"楹（yíng）联"，楹，就是堂前的柱子，这是因为对联常常张贴、悬挂或镌刻在柱子上。也叫联语、楹帖等，民间俗称"对子"。古时候小孩子在私塾里念书都要学习对对子，这门功课被称为对课。

学与习

1. 对对子。

（1）海（　　　　）　　　　（2）雨（　　　　）

（3）红（　　　　）　　　　（4）瓜（　　　　）

（5）月（　　　　）　　　　（6）马（　　　　）

（7）大海（　　　　）　　　　（8）春雨（　　　　）

（9）红花（　　　　）　　　　（10）木瓜（　　　　）

（11）冷月（　　　　）　　　　（12）河马（　　　　）

2. 连连看。

（1）圆月　　　　　　　春风

（2）赏雨　　　　　　　凌云

（3）击水　　　　　　　听风

（4）冬雪　　　　　　　虹桥

（5）月台　　　　　　　斜阳

第 二 课

先秦时期，百家争鸣，创造出灿烂的文化。秦朝统一后，实行专制统治，只统治了十五年就覆灭了。

一

始春秋，终战国。
五霸强，七雄出。

——《三字经》

学与习

东周分"春秋"和"战国"两个时期，"春秋"是因为编年体史书《春秋》而得名，"战国"是因为这段时期诸侯国之间连年战争而得名。齐桓公、晋文公、秦穆公、宋襄公、楚庄王是春秋时代的五个霸主，战国时代最强大的七个诸侯国是齐、楚、燕、韩、赵、魏、秦。

二

嬴秦氏，始兼并。
传二世，楚汉争。

——《三字经》

秦王嬴政一统天下，建立了秦朝，并自称始皇帝。但秦朝传到二世胡亥时，天下又陷入混乱，开始了西楚霸王项羽和汉王刘邦相争的局面。

诵诗冶性

柳条藤蔓，黄莺寒梅，看似无情却有情。

早 梅

〔唐〕张谓

一树寒梅白玉条，迥临村路傍溪桥。

不知近水花先发，疑是经冬雪未销。

9

移家别湖上亭

〔唐〕戎昱

好是春风湖上亭，柳条藤蔓系离情。

黄莺久住浑相识，欲别频啼四五声。

学与习

梅花因为临近水边，先行开放，诗人一开始还以为是没有融化的冬雪。你还能猜出梅花早开的其他原因吗？

诗人要搬家了，连黄莺鸟都来鸣叫送别，依依不舍。其实，更依依不舍的是诗人自己。

孔子是个大学问家，他知道的东西可多啦，君主们常常向他请教，隐士们也都知道孔子博学的大名。那么孔子怎么会知道那么多事情呢？因为他善于学习，目标明确，方法正确。

一

子曰："志于道，据于德，依于仁，游于艺。"

——《论语·述而》

学与习

孔子说，学习的目标在"道"，根据在"德"，依靠在"仁"，而经常游憩于礼、乐、射、御、书、数六艺之中。可见孔子学习的内容是非常丰富的，方法是多种多样的。

你自己的学习生活是不是像孔子那样目标明确？是不是那样丰富多彩？你来说说，学习中哪些是你感兴趣的，哪些是你不感兴趣的。

二

子曰："见贤思齐焉，见不贤而内自省也。"

——《论语·里仁》

学与习

"看到贤人，就想向他看齐；看到不贤的人，就反省自己有没有和他一样的毛病。"画一张表格，写上五个人的名字。每个名字后面写上你希望向他学习什么。最好是自己能做到的哟！一个月以后，拿出来看看，自己会有小进步！

第二课

11

赏联属对

第一副"春联"诞生记

唐朝以后是五代十国，十国中有一个地处西南的小国叫后蜀。有一年除夕，后蜀皇帝孟昶（chǎng）让翰林学士辛寅逊在桃木板上写两句吉祥话，挂在自己卧室的门上。辛寅逊写完了，孟昶直摇晃脑袋，不满意。他干脆自己编了两句，亲自写在桃木板上。孟昶写的是：

新年纳余庆；

嘉节号长春。

这两句全是吉祥话，上下联的首尾二字连起来是"新春"，上联的前两个字是"新年"，下联的前两个字是"嘉节"。意思是说新的一年开始了，万事大吉；春节一到，美好的春天就来了，春意盎然。"长春"还有总是年轻的意思，孟昶也盼着自己能"长春"，一直当皇帝。

孟昶是个只知吃喝玩乐的皇帝，他压根儿就不管国家大事，这样的皇帝怎么能"长春"呢？写完上面那副对联的第二年，后蜀就让北宋给灭了，孟昶投降，没多久就死了。

说来也巧，宋太祖灭后蜀之后，派去接管后蜀的官员叫吕余庆，更巧的是，宋太祖曾把自己的诞辰定为"长春节"。余庆、长春都在对联中出现了，这副对联也就成了不祥的预言。

孟昶写对联那年是公元964年，据说这是最早的一副春

新编中华文化基础教材·第六册

联。大家算算，这副对联流传至今有多长时间了？

有一句俗语："有钱没钱，贴个对子过年。"从第一副春联贴出那天起，贴春联就成了人们迎接新年的一项重要活动。春联的主要内容是辞旧迎新，既有对过去一年的总结，也有对未来一年的美好憧憬。很多春联中用到了"春"字，一般都会选取桃李、杨柳、东风、春雨等景物，再配上生动、准确的动词，如"缀""回""满""盈"等，把明媚的春光、灿烂的春景描绘得淋漓尽致。

🖌 学与习

1. 请把下列春联所缺少的字补充完整。

（1）春回大地

　　福满 _____

（2）寒尽桃花嫩

　　春归 _____ 新

（3）冬去山明水秀

　　_____ 鸟语花香

（4）_____ 湖 _____ 海家家乐

　　_____ 紫 _____ 红处处春

2. 连连看。

（1）水面　　　　　　　　三峡

（2）四海　　　　　　　　熊猫

（3）狼狗　　　　　　　　湖心

（4）渔父　　　　　　　　文豪

（5）武士　　　　　　　　牧童

第 三 课

要想得到别人的尊重，就要自己努力。

一

自重者然后人重，
人轻者便是自轻。

——《增广贤文》

学与习

常观照自己的内心，自尊自重才能获得别人的认可。

二

自己跌倒自己爬，
望人扶持都是假。

——《增广贤文》

学与习

独立自强，人生才能绝地反击，永不迷失自我！

桃花流水，山光春色，真迷人啊。

桃 花 溪

〔唐〕张旭

隐隐飞桥隔野烟，

石矶西畔问渔船。

桃花尽日随流水，

洞在清溪何处边。

山中留客

〔唐〕张旭

山光物态弄春晖，莫为轻阴便拟归。

纵使晴明无雨色，入云深处亦沾衣。

学与习

　　诗人来到桃花溪，想起了陶渊明笔下的世外桃源。他明明知道桃花源是虚构出来的，但他还是去询问渔夫。真是挺有情趣的。

　　客人看天色变化，怕要下雨，便想告辞。诗人却说，即便现在回去，在雾气迷蒙的山林里行走，衣服也会被弄湿的。倒不如留下来再多看看风景。如果你听了主人的这番话，会留下吗？

孔子是怎么学习的呢？来看看下面这两则《论语》吧！

一

子曰："温故而知新，可以为师矣。"

——《论语·为政》

学与习

温习旧知识，能有新体会、新发现，就可以做老师了。你有没有"温故而知新"的经历？如果有的话，你也是小老师啦！能说给大家听听吗？

二

子曰："由！诲女知之乎？知之为知之，不知为不知，是知也。"

——《论语·为政》

学与习

孔子对他的学生子路说：我来教给你对待知道或者不知道的正确态度吧！知道就是知道，不知道就是不知道，这才是明智的态度。试着自己对自己做一个评价吧，这个学期你学到了什么？知道了哪些过去不知道的东西，又学会了哪些以前自己不会的东西？

八千春八千秋

清代文学家刘凤诰（gào），能诗善对，才思敏捷，而且特别幽默。有一个白胡子老爷爷听说了他的鼎鼎大名，买了名贵的纸张找上门来，请他为自己写一副寿联。

当时，刘凤诰正在写字，见老翁登门，连忙让座敬茶。他听了老翁的来意，满口答应。一边研墨铺纸，一边随口问道："您老的生日是哪月哪天啊？"老翁笑着说："十一月十一日。"刘凤诰一听，就在纸上写了上联："十一月十一日。"

老翁看得目瞪口呆，心里暗暗叫苦——这也叫寿联？把这么贵的纸给糟蹋了。

刘凤诰装没看见，依然不紧不慢地问："您老今年高寿？"老翁回答："我今年整整八十岁。"他"噢"了一声，随即执笔，下联一挥而就："八千春八千秋。"写完，他高声读道："十一月十一日；八千春八千秋。老寿星，行吗？"

这上联写了老翁的生日，下联巧妙地用了《庄子》中的句子"上古有大椿者，以八千岁为春，八千岁为秋"，祝愿老人家健康长寿。老翁也是饱读诗书的人，当然能欣赏到这副寿联的奥妙，乐得嘴都合不拢了。

寿联是对联的一种。根据对联的用途，一般可以将对联分为春联、喜联、寿联、挽联、胜迹联和格言联等。每年除夕前后，为庆贺新春的到来，表达辞旧迎新的祝福而作的对联，叫春联。为祝贺婚嫁、乔迁以及其他喜庆之事而作的对联，叫喜联。为庆贺生日而作的对联，叫寿联。为悼念死者而作的对联，叫挽联。题写在名山胜水、历史遗迹建筑物上的对联，叫胜迹联。抒写抱负、志向、理想，用以鞭策自己、激励他人的对联，叫格言联。其中春联、喜联、寿联要用红色的纸张书写，挽联一定要用白色纸张书写。对联和我们的生活息息相关，小朋友，你要留心观察身边的对联哦！

🖋 学与习

1. 对对子。

（1）雁塔（　　　）　　　（2）黄浦（　　　）

（3）学海（　　　）　　　（4）益友（　　　）

（5）绿豆（　　　）　　　（6）秋菊（　　　）

2. 连连看。

（1）开口　　　　　　　田鸡

（2）落日　　　　　　　羊城

（3）荷塘　　　　　　　流星

（4）牛市　　　　　　　点头

（5）壁虎　　　　　　　萍沼

第 四 课

学习不止在书本中，日常生活中接触到的人、事、物都有可能成为我们的老师。

一

听君一席话，胜读十年书。

——《增广贤文》

学与习

知识的来源非书本一处，生活处处有知识，交流才能活化运用噢！

二

博学而笃志，切问而近思。

——《增广贤文》

学与习

笃的意思是坚守，忠实。博览群书，广泛学习，而且能坚守自己的志向，恳切地提问，多考虑当前的事。这两句话是孔子的学生子夏说的，最早见于《论语》。

　　裴迪晚年居住在终南山，与王维交往密切，他的诗歌受王维影响很大，你可以找几首王维的诗与下面两首诗比较一下。

孟城坳

〔唐〕裴迪

结庐古城下，时登古城上。

古城非畴昔，今人自来往。

21

华子冈

〔唐〕裴迪

落日松风起，还家草露晞。

云光侵履迹，山翠拂人衣。

🖊 学与习

诗人在古城下建了房子，时时登上古城游玩。他会想到些什么呢？

诗人缓步回家，路上草露已干，落日的余晖，青翠的山色，人与美景融为一体。

孔子是个好学的人，那么在他眼里怎样做才是个好学的人呢？孔子认为学习的目的就是做一个有德君子，那么孔子认为最重要的德行是什么呢？到下面两则《论语》中寻找答案吧！

一

子曰："君子食无求饱，居无求安，敏于事而慎于言，就有道而正焉，可谓好学也已。"

——《论语·学而》

学与习

孔子说："君子吃饭不求饱足，居住不求舒适，做事勤劳敏捷，说话谨慎，接近通达事理的人来匡正自己，这样，可以说好学了。"想一想，我们自己是不是做到了这几点呢？

二

子曰："参乎！吾道一以贯之。"曾子曰："唯。"子出，门人问曰："何谓也？"曾子曰："夫子之道，忠恕而已矣。"

——《论语·里仁》

学与习

孔子说："曾参啊！我的学问有一个东西贯穿其中。"曾参说："是。"孔子出门后，别的学生问曾参："是什么呢？"曾参说："他老人家的学说，只有忠和恕而已。"忠，就是对人真心真意、全心全意。恕呢？就是将心比心，替别人想想。自己迟到了，老师不高兴，那如果你是老师，你会生气吗？

陈作新"画桃符"

从前，每逢过年前夕，在不少城镇的街头，都可看到有人支起一张小木桌，桌前悬挂一块白布，上书"代写春联"四个大字，人们把它叫作"对子摊"。

辛亥革命后湖南的第一任副都督陈作新，早年就曾经摆过对子摊。有一年春节前，他因为生活窘迫，便在长沙街头摆起对子摊替人写春联。他的摊子对面是个竹器店，招牌上有"精刻竹器"四个大字。陈作新灵机一动，便在自己摊子前的白布上写下了"鬼画桃符"四个字。二者遥相呼应，正好形成一副妙趣横生的对联。光凭这点就吸引了许多顾客，再加上他书法俊秀，因此求字者众多。没几天，陈作新就挣了一笔钱，高高兴兴回去过年了。

如今，人们生活水平不断提高，靠写对联谋生的人越来越少。逢年过节，人们或者购买印刷好的对联，或者亲自挥笔撰写对联。写对联有很多讲究，为了张贴、悬挂，对联要直写，上下联要分开书写，不论写几行，每一行的第一个字都必须对齐。如果对联较长，需要两行或两行以上才可以写完的，就应当从两边向中间书写，直写的对联不必加标点符号。对联写好了，还可以配上四个字的横批。横批就像文章的标题，起到画龙点睛的作用。横批要横写，从右往左写或从左往右写都可以。

对联该怎样张贴呢？这可得注意了，否则要闹笑话的。一般说来，上联要贴在右边，下联要贴在左边。读的时候，要从右往左读。那怎样区分上下联呢？很简单，看上下联的最后一个字，读音为第三、第四声的，是上联，应贴右边；如果是第一、第二声，就是下联，应贴左边。现在有些风景名胜地的楹联挂反了，如果你看到，要给他们提出意见哦！

📘 学与习

1. 对对子。

（1）打虎（　　　　）　　　　（2）航天（　　　　）

（3）飞禽（　　　　）　　　　（4）细雨（　　　　）

（5）水帘洞（　　　　）　　　（6）秋水碧（　　　　）

（7）伴明月（　　　　）　　　（8）莺歌燕舞（　　　　）

（9）风调雨顺（　　　　）

2. 连连看。

（1）门庭多喜气　　　　　　　绿风柳十围

（2）门含千山秀　　　　　　　天高任鸟飞

（3）海阔凭鱼跃　　　　　　　楼览万里春

（4）红雨桃千树　　　　　　　桃花逐水来

（5）柳絮随风去　　　　　　　山水遍春光

第 五 课

说话是一门学问，要好好学啊。

一

好言一句三冬暖，
话不投机六月寒。

——《增广贤文》

学与习

表达是需要艺术的，这不是一种虚假，而是对别人、也是对自己的一种尊重。

二

作事须循天理，
出言要顺人心。

——《增广贤文》

学与习

顺应人心就是尊重自己，顺其自然就是尊重世界。

胡令能的这两首小诗，一边读一边可以想象诗中的情景，试试看。

咏绣障

〔唐〕胡令能

日暮堂前花蕊娇，争拈小笔上床描。

绣成安向春园里，引得黄莺下柳条。

小儿垂钓

〔唐〕胡令能

蓬头稚子学垂纶，侧坐莓苔草映身。

路人借问遥招手，怕得鱼惊不应人。

学与习

几个女孩子争先恐后地将院子里的鲜花绣在屏风上，没想到绣得太逼真了，竟把黄莺鸟吸引过来了。

一个小孩子在钓鱼，路人招手问路，小孩子怕惊走水里的鱼儿，一点儿都不理睬路人。如果换成你，是不是也会这样？

博闻广识

恕，就是将心比心，孔子说"己所不欲，勿施于人"，自己不想要的，也不加给别人。反过来也一样，别人不想要的，也不强迫给自己。

孔子是儒家的开创者，儒家的仁爱是"推己及人"，用自己的心意推想别人的心意，设身处地为别人想，就能理解别人的难处。这就是"同情心""共情能力"。

—

子贡问曰："有一言而可以终身行之者乎？"

子曰："其恕乎！己所不欲，勿施于人。"

——《论语·卫灵公》

学与习

子贡问："有没有一句话可以终身奉行？"孔子说："大概就是'恕'吧，自己不想要的东西，也不要加给别人。"恕的关键是推己及人，人心相通，别人的感受往往和自己差不多，像尊重自己一样尊重别人。你在生活中强迫过别人做自己不喜欢的事吗？别人的反应是怎样的？回忆最近生活中让你不开心的人，然后换位思考，假设自己是他/她，那样的家庭、那样的处境，是否对他/她多了一些理解？

第五课

29

二

仲弓问仁。子曰："……己所不欲，勿施于人。在邦无怨，在家无怨。"仲弓曰："雍虽不敏，请事斯语矣。"

——《论语·颜渊》

学与习

仲弓问仁。孔子说："自己不喜欢的事物，不强加给别人。在哪儿都没有怨恨。"仲弓说："我虽然迟钝，也要践行这句话。"因为将心比心，就能不抱怨。曾有本畅销书叫《不抱怨的世界》，你觉得孔子看到这个书会欣慰吗？

赏联属对

祝枝山出对子

祝枝山是明代的文学家、书法家，他生性幽默，多才多艺，文章写得好，书法写得美，对联对得妙，是公认的才子。

一天，祝枝山遇到了一个叫徐子建的师爷，这位师爷自命不凡，看不起人，还夸口说世上没有能难住他的对子。这回相遇，他提出要和祝枝山比对对子。

祝枝山问："谁出？谁对？"徐子建说："当然是你出，我来对喽！"祝枝山笑着说："三塔寺前三座塔。"徐子建一听，认为太过容易，随口说道："五台山上五层台。"话音刚落，祝枝山说："且慢！我还没有说完，三塔寺前三座塔，塔、塔、塔。"徐子建一听，又随口说出："五台山上五层台，台、台、台、台……"他说不下去了，怎能说五个"台"字来对！祝枝山笑道："怎么样？抬不动了吧！哈哈！"

徐子建灰溜溜地认输了，你知道为什么吗？原因很简单：对联是由上下联组成的，它的上句叫上联，下句叫下联，上下联之间字数一定要相等，否则不能成对。上联"三塔寺前三座塔，塔、塔、塔"十个字，下联也要十个字。如果对成"五台山上五层台，台、台、台"，就明显少了两层"台"；如果对成"五台山上五层台，台、台、台、台、台"，那么又比上联多出两个字，违背了上下联字数相等的规则，所以他只好认输喽！

对联可短可长，最短的对联上下联各为一个字，最长的对联上下联加在一起1612个字（清末钟云舫题四川江津临江楼联）。无论长还是短，上下联的字数必须相等，这是对对联的第一个规则，记住它，你的对联学习就入门了！

1. 对对子。

（1）北海（　　　　）　　　（2）结果（　　　　）

（3）野雁（　　　　）　　　（4）银杏（　　　　）

（5）青山不老（　　　　　　）

（6）远看山有色（　　　　　　　）

2. 连连看。

（1）清暑殿　　　　　　　　燕双飞

（2）云外雁　　　　　　　　广寒宫

（3）龙须草　　　　　　　　风雷激

（4）云水怒　　　　　　　　水中鸥

（5）人独立　　　　　　　　鸡爪兰

第 六 课

孝顺父母，尊重师长，这是最起码的做人道理。

一

孝养祖母，李密陈情。

——《幼学琼林》

学与习

为了奉养祖母，李密写了《陈情表》，不愿出来做官。他多么孝顺啊。

二

弟子称师之善教，
日如坐春风之中；
学业感师之造成，
日仰沾时雨之化。

——《幼学琼林》

学与习

弟子称颂师长教导有方，说如坐春风之中，感谢老师栽培成就学业，说好像得到了及时雨的滋润。

闹市和乡村有着不一样的景物。

江 馆

〔唐〕王建

水面细风生，菱歌慢慢声。

客亭临小市，灯火夜妆明。

雨过山村

〔唐〕王建

雨里鸡鸣一两家，竹溪村路板桥斜。

妇姑相唤浴蚕去，闲着中庭栀子花。

学与习

　　诗人住在临江的旅馆里，正好可以看见江边的夜市。夜市可真热闹！

　　诗人路过一个小村庄，虽然景物迷人，可是乡村中的姑嫂二人却忙着农活，没有时间欣赏鲜花。

35

博闻广识

君子和小人是《论语》中经常谈论的两种人，一起来看看孔子的说法吧。

一

子曰："士志于道，而耻恶衣恶食者，未足与议也。"

——《论语·里仁》

学与习

读书人重要的是追求真理，但是如果一方面要求道，一方面却又以自己吃粗粮穿破衣为耻辱，这样的人，是不值得同他商议的。所以我们不论在什么时候都要把俭朴作为美德。

二

子曰："君子成人之美，不成人之恶。小人反是。"

——《论语·颜渊》

学与习

君子成全别人的好事，不促成别人的坏事。而小人却破坏别人的好事，鼓捣或帮助别人干坏事。你能举出这样的例子吗？

三

子曰："君子坦荡荡，小人长戚戚。"

——《论语·述而》

君子和小人在精神状态上不同。君子心胸开阔，无所不容，所以坦荡自然。小人成天算计别人，患得患失，所以总是一肚子牢骚。

《论语》中还有不少谈论君子小人的句子，找出来抄录到一起，认真读读吧！

赏联属对

神童易顺鼎

清朝末年，湖南出了一个大诗人名叫易顺鼎（dǐng），他小时候就被人们称为"神童"，十五六岁时就刻印了自己的诗集《心室悔存稿》。

小顺鼎特别喜欢对对子。他五岁那年的一天，爸爸出了两个字"鹤鸣"叫他对，没想到他一口气对出了四个，来看看他的对句：犬吠、猿啼、凤舞、龙翔。

父亲很高兴，摸摸他的头说："好孩子，真不错！"

小顺鼎对出的下句全部符合对联的第二个要求：词性一致。什么叫词性一致呢？就是上下联相应位置上的字，词性也需要相同，如：名词对名词，动词对动词，形容词对形容词，虚词对虚词等。往细里说，颜色词要对颜色词，方位词要对方位词等。父亲出的"鹤鸣"，"鹤"是表示动物的名词，小顺鼎对的"犬""猿""凤""龙"都是表示动物的名词。

再看第二字"鸣"，表示叫的意思，这是个动词，小顺鼎对"吠""啼""舞""翔"，也都是动词。你喜欢他的对句吗？亲爱小朋友，你和这个一百多年前的小神童比一比，也来对几个好吗？注意上下联相应的字的词性要相同哦。

学与习

1. 对对子。

（1）鹤鸣（　　　　）　　　　（2）青鸟（　　　　　）

（3）海棠（　　　　）　　　　（4）丹顶鹤（　　　　　）

（5）黄叶地（　　　　）　　　（6）月穿楼（　　　　　）

2. 连连看。

（1）一川星月　　　　　　　　绿杨阴里

（2）十分春色　　　　　　　　字里情操

（3）千峰竞秀　　　　　　　　一树秋声

（4）红藕花中　　　　　　　　百舸争流

（5）笔中风骨　　　　　　　　万里江天

第 七 课

对于朋友，古人有好多种说法，你知道几种？

一

廉蔺为刎颈之交，
孙周原总角之好。

——《幼学琼林》

学与习

  廉颇与蔺相如是同生死共患难的刎颈之交。孙策和周瑜自孩童时便是挚友，总角是古时儿童的一种发式，这里代指童年时期。

二

肝胆相托，是谓心期；意气
不孚，无非面友。始终如一日耐
久，老幼相得曰忘年。

——《幼学琼林》

学与习

  肝胆相照，才称得上是心腹之交。意气不合只能算是口头之交。友情自始至终有如一日叫做耐久，老人和青年人结为朋友叫做忘年之交。

一首诗说春天来得太迟，一首诗说春天即将离开。两首诗都用了拟人的方法，读起来很有意思。

春　雪

〔唐〕韩愈

新年都未有芳华，二月初惊见草芽。
白雪却嫌春色晚，故穿庭树作飞花。

晚　春

〔唐〕韩愈

草树知春不久归，百般红紫斗芳菲。

杨花榆荚无才思，惟解漫天作雪飞。

学与习

新年都已来到，但还看不到芬芳的鲜花。到二月，才惊喜地发现有小草冒出了新芽。白雪也嫌春色来得太晚了，所以有意化作花儿在庭院树间穿飞。

春天不久就将归去，花草树木争奇斗艳，想挽留春天。可怜那些杨花榆钱，没有艳丽姿色，只知漫天飞舞，好似片片雪花。

如何成为一个受人尊敬欢迎的人？怎样做才能成为一个仁者呢？请看孔子的教诲。

一

子曰："躬自厚而薄责于人，则远怨矣。"

——《论语·卫灵公》

学与习

多要求自己，少指责别人，就远离抱怨了。家人或同学抱怨时，就告诉他们孔子的这句话吧。

《论语》中还有一些类似的说法，请找出来与大家分享。

二

子张问仁于孔子。孔子曰："能行五者于天下，为仁矣。"请问之。曰："恭、宽、信、敏、惠。恭则不侮，宽则得众，信则人任焉，敏则有功，惠则足以使人。"

——《论语·阳货》

学与习

子张问孔子什么是"仁"。孔子说："能实行五种品德的就是仁人。"子张问哪五种。孔子说："庄重、宽厚、诚实、勤敏、慈善恩惠。庄重就不会遭受侮辱，宽厚就会受到大家的拥护，诚实会得到别人的信任，勤敏就能有效率有成绩，慈善恩惠就足以使唤人。"

　　根据孔子说的这五种品质，结合班级活动的经历，来表扬一下小伙伴们吧！

赏联属对

吊脚楼对穿心店

　　清朝末年，四川出了一位幽默大师，名叫刘师亮。他自号谐庐主人，曾在成都创办《师亮随刊》杂志，深受百姓欢迎。

　　相传，刘师亮15岁时，曾在一家糕点铺里打工。镇上有一家茶馆，馆内有一位王先生，是个满腹诗文的读书人。刘师亮想拜王先生为师，王先生说："我出个对子，三天之内对上了，我就收你做徒弟。"

　　那时镇上的店铺和住家是合二为一的，前后两个门都对着街，俗称"穿心店"。王先生以此为题出了个上联："两头是路穿心店。"

　　刘师亮一连两天都没对上。第三天，他凝视窗外滚滚沱江，又看看自家矮小的阁楼，忽然心里一亮，兴奋地跑到王先生家，说："我对上了！"接着，说出下联："三面临江吊脚楼。"

王先生很高兴，当即答应收他为徒弟。

这副对联的上联中有两处人体部位："头"与"心"，同时"穿心店"又是四川特色的民居，真是难对！下联也同样包含了两处人体部位："面"和"脚"，同时"吊脚楼"也是四川沿江城镇的特色民居，刘师亮真是不简单！

读完了这个故事，我们来了解一下对对子的重要规则——平仄（zè）和谐。咱们汉语普通话的声调分为四声，第一声叫阴平，如"妈"，第二声叫阳平，如"麻"，第三声叫上声，如"马"，第四声叫去声，如"骂"，第一、二声的字被称为"平声字"，第三、四声的字被称为"仄声字"，仄就是不平的意思。对对子时要注意汉语的声调，否则读起来就不好听，那么它有什么规律呢？下面的口诀很管用："平对仄，仄对平。平平对仄仄，仄仄对平平。单数可放宽，偶数要分明。上联尾字仄，下联末字平。"

具体说就是上下联之间相应位置上的字平仄声要相对，上联是平声字，下联就是仄声字，上联是仄声字，下联就是平声字。一句之中要平仄交替，平平后面是仄仄，仄仄后面是平平，不能一平到底或者一仄到底。单数可放宽，是指上下联中单数的字，如第一、三、五字可以马虎一点，平仄声都可以。偶数要分明，是指上下联中双数的字平仄声要分清楚。

"上联尾字仄，下联末字平"，是指上联结尾的字必须是仄声字，下联结尾的字必须是平声字，这一点一定要记住，掌握了这一点，人家就不会说你是外行啦！

看到这儿，你是不是有些头晕啊？其实这个规则一点都不难，你拼过积木吗？积木的正面是有图案的，摆的时候得照着图案来变化。由单字组成对联，也就像拼积木一样，要注意每个字的声调的变化，声调就像积木正面的图案。积木的图案有很多种，汉字的声调只有四种，所以你不要害怕，多读多对就能拼出朗朗上口的句子。

学与习

1. 在括号里标出下列对联中的平仄声，平声用"一"，仄声用"丨"。

例：春来眼际（　一一　丨　丨　）

　　喜上眉梢（　丨　丨　一一　）

（1）先遣队（　　　　　　　）

　　　后援团（　　　　　　　）

（2）一湖风月（　　　　　　　）

　　　万里烟波（　　　　　　　）

（3）海为龙世界（　　　　　　　　）

　　　云是鹤家乡（　　　　　　　　）

（4）又是一年春草绿（　　　　　　　　　）

　　　依然十里杏花红（　　　　　　　　　）

（5）两头是路穿心店（　　　　　　　　　）

　　　三面临江吊脚楼（　　　　　　　　　）

2. 成语填字。

（1）心旷＿＿＿＿＿＿　　　（2）眉开＿＿＿＿＿＿

（3）胡思＿＿＿＿＿＿　　　（4）良辰＿＿＿＿＿＿

（5）山＿＿＿＿水＿＿＿＿　（6）山＿＿＿＿水＿＿＿＿

（7）＿＿＿＿风＿＿＿＿雨　（8）＿＿＿＿风＿＿＿＿雨

第八课

美酒、鲜鱼、活鸡，竟然都有别名，而且这些别名还那么有意思。

一

好酒曰青州从事，

次酒曰平原督邮。

——《幼学琼林》

学与习

晋代有个人善于品酒，称好酒是"青州从事"，因为青州有齐县，借齐喻脐，说酒力可以到达肚脐，他称不好的酒为"平原督邮"，因为平原有鬲县，借鬲喻膈，说酒力只能到达横膈膜。

二

僧谓鱼曰水梭花，

僧谓鸡曰穿篱菜。

——《幼学琼林》

学与习

僧人给鱼起个别名叫水梭花，给鸡起的别名是穿篱菜。你能猜猜僧人为什么这样称呼鱼和鸡吗？

有的景色，让人联想起历史。有的景色，让人生出有趣的想象。

乌 衣 巷

〔唐〕刘禹锡

朱雀桥边野草花，乌衣巷口夕阳斜。

旧时王谢堂前燕，飞入寻常百姓家。

望洞庭

〔唐〕刘禹锡

湖光秋月两相和，潭面无风镜未磨。

遥望洞庭山水色，白银盘里一青螺。

学与习

　　朱雀桥、乌衣巷是东晋王公贵族聚居之地，可是几百年过去，这里已经成了寻常百姓家。

　　诗人夜望洞庭山水，湖中的君山就像一只放在白银盘里的青螺。

你听说过"文质彬彬"这个成语吗？究竟什么是"文"，什么是"质"？一起来读读孔子的话吧。

一

子曰："质胜文则野，文胜质则史。文质彬彬，然后君子。"

——《论语·雍也》

学与习

"野"是粗陋、鄙俗，外在修饰太少会显得粗野。"史"是过于精巧、文雅，修饰太多又显得虚浮。文和质配合适当，既文雅又朴实，这才是君子的风度。

现在"文质彬彬"多指文雅有礼貌，意思发生了变化，用法和最初不同了。小朋友们还能想到相似的成语吗？说说成语的出处和现在的意思。

二

子贡问曰："孔文子何以谓之文也？"

子曰："敏而好学，不耻下问，是以谓之文也。"

——《论语·公冶长》

学与习

子贡问老师："卫国的大夫孔圉(yǔ)的谥号为什么是'文'？"
孔子回答："他聪敏灵活，爱好学习，谦虚下问，不以为耻，所以用'文'作他的谥号。"

"不耻下问"，是说向地位比自己低，学问比自己少的人请教，也不感到羞耻。小朋友能举出课本或生活中"不耻下问"的例子吗？

赏联属对

屋里青山跳出来

河南有个大财主，他只有一个宝贝儿子，一心想让儿子念好书。可惜，这个少爷偏偏就不好好读书。

一天，家里来了几个朋友。财主想在大伙儿面前显显儿子的本事，就把儿子叫了出来。财主说："我出个上联，你对下联，让这些叔叔听一听。"财主指着门外说："门前绿水流将去。"

少爷听了，皱着眉头想了半天，对出了这么一句："屋里青山跳出来。"屋里的客人们听到这个下联，哄堂大笑。财主一听，鼻子都差点气歪了。他上去对着儿子的脑袋就是一巴掌，边打边骂："我打你个'跳出来'！"少爷赶紧捂着脑袋跑了。

过了几天，财主和朋友们一起到一个道观里去烧香。一进大门，大殿里有个道士一瘸一拐地迎了出来。这个道士名

新编中华文化基础教材·第六册

叫彭青山，是个跛（bǒ）子，走起路来一颠一颠的。一个朋友看到道士这副模样，忽然"扑哧"一声笑了，财主连忙问他："你笑什么？"朋友说："您家少爷上次不是对了'屋里青山跳出来'的下联吗？你看，一点不假，青山真从屋里蹦出来了！"财主和其他人一听，一个个笑得前仰后合，彭青山也不明就里地笑起来。

单从字面上来看，"屋里"对"门前"，"青山"对"绿水"，"跳出来"对"流将去"，字字工稳，是副难得的佳对。但是仔细一想，"青山"怎么会在"屋里"，又怎能"跳出来"呢？可巧的是还真有一个叫"青山"的跛脚道士从屋里跳出来了，你说好玩不好玩？

俗话说"对联对联，相对相联"，"对"指的是上下联字数、词性、平仄相对，"联"指的是上下联在内容上要相互关联。上下联之间的关系常见的有三种：一，互补关系，上下联相互呼应、相互补充，称为"正对"；二，对立关系，就是上下联意思相反、相对，称为"反对"；三，承接关系，将一个意思分成两句来写，一前一后，相互承接，称为"流水对"。这个少爷对的下联符合"对"的要求，不符合"联"的要求，所以闹出了笑话。

学与习

1. 对对子。

（1）小心（　　　）　　　　（2）黄浦（　　　）

（3）蜀道（　　　）　　　　（4）古市（　　　）

（5）山外（　　　）　　　　（6）暮雨（　　　）

（7）汉赋（　　　　）　　　　（8）头痛（　　　　）

（9）春归何处（　　　　）

（10）雨过花争放（　　　　）

2. 连连看。

（1）一溪流水绿　　　　　　银灯万树花

（2）宇宙乾坤大　　　　　　深谷看云飞

（3）风云三尺剑　　　　　　千树落花红

（4）明月千门雪　　　　　　花鸟一床书

（5）幽林听鸟语　　　　　　江山日月长

第 九 课

曹植是三国时期的名人，你一定听说过，那么邓艾呢？

一

能文曹植，善辩张仪。

——《龙文鞭影》

学与习

曹植字子健，是曹操的第三个儿子。他十岁就会做文章，才思敏捷，落笔成章，深受曹操宠爱，成语"七步成诗"就是赞美他的才华的。

张仪是战国时魏国人，纵横家的代表人物之一，主张"连横"，使其他国家依附秦国，以获得利益。他年轻时地位卑微，有一次跟随楚国国相参加宴会，别人诬赖他偷了珍贵的玉璧，被打得遍体鳞伤，回家后便问妻子："我的舌头还在吗？"妻子说在。张仪便放心了，说："只要舌头在就行。"

邓 云 艾 艾 ， 周 曰 期 期 。

——《龙文鞭影》

学与习

　　艾艾、期期都是形容口吃的人说话的样子，也就是现在的结结巴巴。邓艾是三国时魏国将领，字士载。他说话结巴，然而回答问题却非常敏捷。司马昭知道他口吃，就开玩笑说："你每次都说'艾……艾以为'，到底有几个艾呢？"邓艾回答说："凤兮凤兮，本来就只有一凤。""凤兮凤兮"是《论语·微子》中一位隐士唱给孔子听的歌词中的一句。

　　周昌是西汉初年的大臣，和刘邦是同乡，是位直言敢谏的人。刘邦想废掉太子刘盈，他坚决不同意，和刘邦争辩。刘邦要他给出不同意的缘由，他说话结巴，很恼怒地说："臣口不能言，然期期以为不可。陛下欲易太子，臣期期不奉诏！"这一结巴，反而把满朝文武百官和刘邦也逗笑了，于是这件事暂且被搁在一边。可见就算说话有缺陷，但只要聪明正直，就一定能展现自己的才能。

为什么山脚下的桃花已经凋谢,而山上的桃花却才开放呢?

池 上

〔唐〕白居易

小娃撑小艇,偷采白莲回。

不解藏踪迹,浮萍一道开。

大林寺桃花

〔唐〕白居易

人间四月芳菲尽,山寺桃花始盛开。

长恨春归无觅处,不知转入此中来。

学与习

白居易为什么说小娃不懂得隐藏自己的踪迹呢?

诗人四月间登山游玩,忽然发现山上寺庙里的桃花刚刚盛开,而此时山脚下的桃花已经凋谢。于是诗人欣喜地说,一直在寻找春天,没想到,春天竟来到了山上。

　　宰予白天睡觉被孔子破口大骂，说他"朽木不可雕也"，可见孔子是个对学生要求很严的老师。

　　孔子一生不得志，自己的理想无从施展，但他的耐挫力很强。

一

　　宰予昼寝。子曰："朽木不可雕也，粪土之墙不可杇也！于予与何诛？"子曰："始吾于人也，听其言而信其行；今吾于人也，听其言而观其行。于予与改是。"

——《论语·公冶长》

宰予白天睡着了。孔子大骂："腐烂了的木头雕刻不得，粪土似的墙壁粉刷不得！对于宰予啊，我该骂你什么好。"孔子说："我对人，一开始听他说的就相信他会这么做；现在我对人，不光听他怎么说，还要看他怎么做。从宰予这件事后，我改变了态度。"

孔子说第一句时肯定气坏了，你觉得他说第二句时的语气和心情是怎样的呢？

从两句话的关系来看，孔子那么生气完全是因为宰予白天睡觉吗？大家一起讨论一下吧。

二

在陈绝粮，从者病，莫能兴。子路愠见曰："君子亦有穷乎？"子曰："君子固穷，小人穷斯滥矣。"

——《论语·卫灵公》

学与习

孔子和弟子周游列国时，有一次在陈国被围困，粮食都吃光了，跟随他的人都饿得爬不起来。孔子的学生子路一脸不高兴，对孔子说："君子也会有这样困窘得毫无办法的时候吗？"孔子说："君子虽然遇到困难，但还坚守着；小人遇到这种情况，就无所不为了。"往往在考验中才能见出一个人的勇敢和坚持。君子即使经历了一些挫折，也仍然能够保持昂扬的志气，不退缩。你能举出课本或生活中的例子吗？

第九课

风能是扁的吗？

明朝进士戴大宾，自幼喜爱读书，聪明过人。

一天，九岁的戴大宾正在院子里玩，有位客人来找他爸爸。那人见了戴大宾，就想考考他，对他说："小家伙，我出个对子你来对。"然后，说了两个字："月圆。"戴大宾立刻答道："风扁。"客人笑了，连连摇头："风怎么能是扁的？不对，不对。"戴大宾说："风见缝就钻，不是扁的，难道是方的？"客人没话说了，又出了个对子："凤鸣。"戴大宾小脑瓜一转，就对了两个字："牛舞。"客人又笑了："牛能跳舞？没听说过。"戴大宾说："古人说过'百兽齐舞'，难道牛不在这'百兽'里边吗？"客人听了，连连夸奖戴大宾："真聪明！真聪明！"

戴大宾的对句虽然有点古怪，但是字字工稳，无懈可击。从中可以看出这位少年选择字词的能力和天真的想象。"风扁"对"月圆"，"牛舞"对"凤鸣"，这种对子可以称为工对。工对就是对仗工整的对子。

那对仗又是什么呢？这要先从对偶说起。自从汉语文章诞生，就有了对偶，什么是对偶呢？人的身体上就有对偶，我们的眼睛、耳朵、手、腿都是左右对称的。自然界中也有对偶，树上的叶子往往是两两相对，叶子的叶脉也是左右对称。对偶用在文章里，就是把同类的词句或对立的词句并列起来。诗词和对联中的对偶，叫做"对仗"，因为上下两句话就像古代的仪仗队并列两旁。

工对要求上下联字数相等，词性一致，内容相关，平仄和谐。尤其要注意的是不仅要求词性相对，而且相对的词关系越亲近、字面越对称越好。

有时，我们所对的下句或上句，个别字词没有对上，或者对得宽泛了，也是可以的。这样的对仗，一般称之为"宽对"。如"风鸣"对"花落"，"月圆"对"水阔"。我们要多多琢磨，尽量对得工整一些，但是不能为了求工整，而妨碍句子意思的表达，不能看见句中有"春"字，就立即对个"秋"，看见句中有个"多"字，只会对个"少"。这种生搬硬套的做法会造成上下联的内容不相关，有可能闹出笑话来。

学与习

1.把下面的汉字归类到相应的方格中去。

马、牛、羊、鸟、鱼、犬、鹿、猴、鸡

松、桃、林、桂、竹、花、草、柏、李

眼、耳、鼻、舌、口、手、腰、脚、背

峰、山、谷、江、湖、海、田、岭、原

黑、白、赤、黄、绿、紫、灰、蓝、青

月、日、云、星、雪、风、雨、雾、雷

天文类:	地理类:
动物类:	植物类:
身体类:	颜色类:

2. 对对子。

（1）桃花雨（　　　　　　）

（2）水中月（　　　　　　）

（3）八宝粥（　　　　　　）

（4）白水千层浪（　　　　　　　）

（5）雨中山果落（　　　　　　　）

（6）采菊东篱下（　　　　　　　）

（7）两个黄鹂鸣翠柳（　　　　　　　　　　）

第 十 课

古代有许多人与动物的故事，都很有传奇色彩。

一

董 昭 救 蚁 ， 毛 宝 放 龟 。

——《龙文鞭影》

学与习

汉朝董昭之在横渡钱塘江时，看到江面上浮着一枝短芦苇，上面有一只大蚂蚁，董昭之便牵着芦苇到岸边，这只巨蚁获救了。相传后来董昭之被人诬陷，关在杭州的监牢里，有许多蚂蚁前来把他的枷锁咬断了。董昭之便逃出监狱，到山中避祸去了。

晋朝人毛宝十二岁时看到一个渔夫捕到一只白龟，感觉很新奇，便用钱买下放生。后来毛宝做了邾（zhū）城守将，与石虎交战，打了败仗，便要投江自杀。落到水中时，脚下踩到一个硬硬的东西，到了岸边，才知道是他先前放生的白龟救了他的命。

二

士衡黄耳，子寿飞奴。

——《龙文鞭影》

学与习

西晋文学家陆机字士衡，相传他有一条爱犬名叫黄耳。一天他对爱犬开玩笑说："吴中久绝家讯，你能去取回消息吗？"爱犬摇尾作声，似解人意。于是他便把书信藏在竹筒里，系在犬颈上。爱犬去了一个月后返回，果然捎回了家书。从此以后陆机便经常让它传递信件。唐朝诗人张九龄，字子寿。他小时爱养鸽子，给亲友写信，就系在鸽子腿上，让它们前去投递，把它们叫做"飞奴"。

诗人是怎么闻到蔷薇的香味的？

山亭夏日

〔唐〕高骈

绿树阴浓夏日长，

楼台倒影入池塘。

水精帘动微风起，

满架蔷薇一院香。

社 日

〔唐〕王驾

鹅湖山下稻粱肥，

豚栅鸡栖半掩扉。

桑柘影斜春社散，

家家扶得醉人归。

学与习

　　绿树蔽日，遍地浓荫，楼台亭阁倒映池中。微风轻拂，水晶帘幕轻轻摆动。院中已弥漫着蔷薇的阵阵清香。

　　鹅湖山下稻粱肥硕，猪肥鸡壮。夕阳西下，桑柘树林映照出长长的阴影。春社结束，家家搀扶着醉酒的人归来。你猜猜看，人们在庆祝什么啊？

孔子是怎么教学生的呢？我们一起来看看下面两则《论语》吧。

一

子曰："不愤不启，不悱不发，举一隅不以三隅反，则不复也。"

——《论语·述而》

学与习

孔子说："教学生，不到他想学而不得的时候，不去开导他；不到他想说而说不出来的时候，不去启发他。教给他一点，他却不能举一反三，便不再教了。"

在"愤"和"悱"的瞬间点拨，使教育的成效最大化，避免啰嗦和重复，一语中的，醍醐灌顶，这是教育的最高境界。学习中能够"举一反三"表示完全明白了。

二

子曰："予欲无言。"子贡曰："子如不言，则小子何述焉？"子曰："天何言哉？四时行焉，百物生焉，天何言哉？"

——《论语·阳货》

　　孔子说："我想不说话了。"子贡说："您如果不说话，我们学什么？又和别人说什么呢？"孔子问："天说什么了呢？四季照样运行，万物照旧生长，天说什么了呢？"

　　我们的学习有一些来自说教，还有更多的和说教无关。行为、态度、表情，甚至动植物也都是很好的教育。生活中有很多无需说教的学习，小朋友们能举几个例子吗？

赏联属对

好玩的"无情对"

　　许多年前，一家酒厂举办了一次征联比赛，所出的上联是自己酒厂产品的名称——三星白兰地。"三星"是个品牌，"白兰地"是酒的名字。这个上联一出，有人就开始琢磨下联了，他想"三"可以对"五"，都是数字；"星"可以对"月"，日月星辰嘛；"白"可以对"黄"，都是颜色；"兰"可以对"梅"，都是植物；"地"不用说，可以对"天"。于是他的下联就成了：五月黄梅天！这个下联得了个大奖，想不到吧？

　　这就是"无情对"，上下联之间从每个字上讲，都巧妙地对上去了，连起来读也非常通顺，但是从内容上讲毫不相关，可以说是风马牛不相及。无情对是最富有趣味性、最能体现汉语对仗特色的，它充分利用了汉字一字多义的特点，要求每个字对得尽量工整，即尽量用近义、反义或小类相同的字相对，而连成完整的句子后，上下联的内容要毫无关联，而且要相差得越远越好（如地名不对地名，人名不对人名）。

据传，最早的无情对出现在明朝永乐年间。有一天，永乐皇帝在读《论语》，忽然对大臣解缙（xiè jìn）说："《论语》上有句话很难对。"解缙问是哪句话，皇帝只说了两个字："色难。"解缙一听，知道这是《论语·为政》中的一句话，子夏问孔子什么是孝，孔子回答说："色难。"意思是说子女在父母面前一直和颜悦色是一件难事。"色难"确实够难，可这难不倒解缙，解缙当即随口回答："容易。"

皇帝等了半天，见解缙仍不言语，就问："你不是说容易吗？怎么还没对出来？"解缙解释道："臣方才不是已经对上了吗？下联就是'容易'二字呀。"皇帝这才如梦初醒，二人大笑起来。

"容"对"色"，为近义词相对，"易"对"难"，为反义词相对，上下联对仗十分工整，而且内容毫不相关。

平时写作文，老师都要求咱们不能跑题，但是你放心，对对子"离题万里"也能成为上乘之作！

学与习

1. 根据提示，完成无情对。

（1）文竹——（　　　　　）

　　　（小提示：对一个梁山好汉的名字）

（2）霜花——（　　　　　）

　　　（小提示：对法国一个大作家的名字）

（3）桃李争荣日——（　　　　　　　　　　）

（小提示：用两个欧洲国家的名字来对）

2. 以下不给提示了，你能对出吗？

（1）电脑——（　　　　）

（2）山头——（　　　　）

（3）莫愁——（　　　　）

（4）龙井——（　　　　）

（5）人行道——（　　　　　）

（6）人去南非——（　　　　　）